¿QUÉ ES LA EQUIDAD?

I0813634

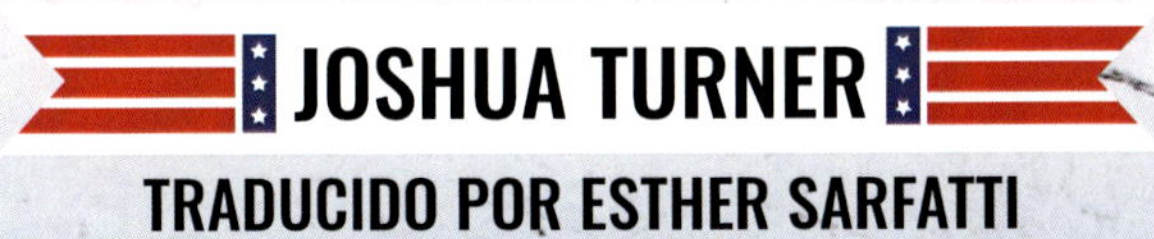

TRADUCIDO POR ESTHER SARFATTI

New York

Published in 2020 by The Rosen Publishing Group, Inc.
29 East 21st Street, New York, NY 10010

Copyright © 2020 by The Rosen Publishing Group, Inc.

All rights reserved. No part of this book may be reproduced in any form without permission in writing from the publisher, except by a reviewer.

First Edition

Translator: Esther Sarfatti
Editor, Spanish: María Cristina Brusca
Book Design: Reann Nye

Photo Credits: Seriest art Bplanet/Shutterstock.com; cover andresr/E+/Getty Images; p. 5 ESB Professional/Shutterstock.com; p. 7 Kraig Scarbinsky/DigitalVision/Getty Images; p. 9 H. Armstrong Roberts/ClassicStock/Getty Images; p. 11 Susan Montgomery/Shutterstock.com; p. 13 Burlingham/Shutterstock.com; p. 15 Image Source/Photodisc/Getty Images; p. 17 Hill Street Studios/Blend Images/Getty Images; p. 19 Toa55/Shutterstock.com; p. 21 Nic Neufeld/Shutterstock.com; p. 22 Robert Kneschke/Shutterstock.com.

Cataloging-in-Publication Data

Names: Turner, Joshua.
Title: ¿Qué es la equidad? / Joshua Turner.
Description: New York : PowerKids Press, 2020. | Series: Los principios de la democracia | Includes glossary and index.
Identifiers: ISBN 9781538349168 (pbk.) | ISBN 9781538349182 (library bound) | ISBN 9781538349175 (6 pack)
Subjects: LCSH: Fairness–Juvenile literature. | Democracy–Juvenile literature. | Conduct of life–Juvenile literature.
Classification: LCC BJ1533.F2 T87 2019 | DDC 179'.9–dc23

Manufactured in the United States of America

CPSIA Compliance Information: Batch #CSPK19: For Further Information contact Rosen Publishing, New York, New York at 1-800-237-9932

CONTENIDO

¿QUÉ ES LA EQUIDAD? 4
¿ES LO MISMO EQUIDAD QUE IGUALDAD? . . 6
¿QUÉ ES LA INJUSTICIA? 8
EQUIDAD EN LA VIDA DIARIA 10
EQUIDAD EN UNA DEMOCRACIA 12
CONSEGUIR LO QUE QUIERES 14
LA VIDA NO ES SIEMPRE EQUITATIVA 16
SER EQUITATIVOS CON LOS DEMÁS 18
SER EQUITATIVOS CON NOSOTROS MISMOS 20
¿POR QUÉ ES IMPORTANTE LA EQUIDAD? . 22
GLOSARIO 23
ÍNDICE. 24
SITIOS DE INTERNET 24

¿QUÉ ES LA EQUIDAD?

En una sociedad equitativa, se trata a todo el mundo de forma justa y todos tienen la oportunidad de tener éxito. Cada uno trata a los demás de la misma forma en que le gustaría que lo trataran. La equidad es especialmente importante en una democracia, que es un tipo de gobierno en el cual la gente **participa** y en el que se valoran la honestidad y la justicia.

Para mucha gente, la vida en Estados Unidos no siempre ha sido equitativa. Sin embargo, a través del poder de la democracia, nuestro país puede convertirse en un lugar más equitativo y justo para todos.

EL ESPÍRITU DE LA DEMOCRACIA

Estados Unidos tiene un pasado histórico que no siempre ha sido equitativo. Por ejemplo, entrar en la universidad a menudo es más difícil para las personas pobres. Hoy día, existen programas que tratan de ofrecerles las mismas oportunidades que a los demás.

La equidad implica que todo el mundo viva con las mismas reglas y que todos tengan la posibilidad de demostrar su capacidad.

¿ES LO MISMO EQUIDAD QUE IGUALDAD?

En una sociedad equitativa, se debería tratar a cada persona de manera que tenga la mejor oportunidad de tener éxito. Para ser equitativo, debes comprender que todo el mundo tiene diferentes fortalezas, debilidades y necesidades.

A menudo se confunde la igualdad con la equidad, pero no son iguales. Cuando existe igualdad en una sociedad, significa que a todo el mundo se le trata exactamente de la misma forma. Dar un trato igual a todos es bueno cuando las personas son muy similares, pero no es tan útil cuando existen grandes diferencias.

EL ESPÍRITU DE LA DEMOCRACIA

Una sociedad equitativa no siempre será igualitaria, y una sociedad igualitaria no siempre será equitativa.

Si una sociedad quiere ser equitativa, no siempre puede ser igualitaria. Por esta razón, los niños no siguen el mismo conjunto de reglas que los adultos.

¿QUÉ ES LA INJUSTICIA?

Cuando en una **situación** no hay equidad, decimos que es injusta. Es importante comprender que a veces una situación es injusta para algunas personas, pero eso no significa que lo sea para todo el mundo.

No existe ningún país que sea completamente equitativo siempre, incluido Estados Unidos. Una situación injusta puede ser que a un afroamericano no se le dé un trabajo por el color de su piel, o que la gente pobre no pueda conseguir un puesto de trabajo por no tener ropa bonita.

EL ESPÍRITU DE LA DEMOCRACIA

Ser equitativo a veces es difícil, sobre todo en sociedades grandes como la de Estados Unidos. Lo que un grupo de gente ve como equitativo podría parecer injusto para otro grupo. Es difícil conseguir que todo el mundo sea feliz.

Los primeros **sindicatos** trataron de conseguir un trato equitativo para sus miembros. Hoy en día, continúan luchando por los derechos de los trabajadores.

EQUIDAD EN LA VIDA DIARIA

En una sociedad equitativa, las reglas y las leyes se aplican siempre de la misma forma para todo el mundo. Sería injusto que ciertas partes de la sociedad tuvieran leyes diferentes en las mismas situaciones.

Imagínate que a una persona famosa que recibe una multa por exceso de velocidad se la **castigue** de forma diferente que a un ciudadano normal que comete el mismo delito. O que a un hombre y a una mujer se les paguen salarios diferentes por hacer el mismo trabajo. Estas situaciones no son equitativas, pero ocurren.

En una sociedad equitativa, las reglas son las mismas para todos. Si ciertas personas no tuvieran que parar cuando el semáforo está en rojo, sería injusto, además de muy peligroso.

EQUIDAD EN UNA DEMOCRACIA

La democracia es un tipo de gobierno donde todo el mundo puede opinar. En Estados Unidos, el tipo de democracia que tenemos se llama *república*. En una república, los ciudadanos votan por **representantes** para que los representen en el Gobierno.

En una democracia equitativa, cada persona tiene un voto y todos los votos valen por igual. No sería justo que los votos de los ricos, o de los dueños de propiedades, contaran más que los votos de los demás.

EL ESPÍRITU DE LA DEMOCRACIA

Estados Unidos no es perfecto, pero aun así ha intentado dar ejemplo de lo que es una democracia equitativa al resto del mundo durante más de 200 años.

La igualdad de votos en las elecciones es esencial para lograr la equidad en una democracia.

CONSEGUIR LO QUE QUIERES

Una situación en la que no consigues todo lo que quieres puede ser equitativa, aunque no te lo parezca. Por ejemplo, tal vez decidas **apoyar** a una amiga que se presenta para presidenta de tu clase. Podrías incluso ayudarla con su **campaña**.

Sin embargo, una vez que todos los votos se hayan contado, tu amiga podría perder. Todos los votos se contaron por igual, y todo el mundo tuvo la oportunidad de pedir a los demás que votaran. Eso significa que, aunque haya perdido tu amiga, las elecciones fueron equitativas y justas.

Incluso cuando una situación es equitativa, es posible que no consigas lo que quieres.

VOTE
FOR
BALLOTS
SMITH
for
PRESIDENT

LA VIDA NO ES SIEMPRE EQUITATIVA

En una sociedad democrática, la vida no será siempre equitativa. Puede haber personas que tengan **prejuicios**. Otras podrían intentar hacer trampas para conseguir lo que quieren. Esto significa que la gente debe trabajar arduamente para entender que la vida no es siempre equitativa para todos y tiene que intentar hacer cambios.

Entender la vida de los demás y tratar de ayudarlos ha sido la clave de los movimientos **activistas** en la historia de nuestro país. La gente que recibe un trato mejor debe ayudar a aquellos que reciben un trato injusto y luchar para que eso cambie.

EL ESPÍRITU DE LA DEMOCRACIA

Estados Unidos se ha vuelto más equitativo con los años. Primero, solo los hombres blancos con tierras podían votar. Después, se **extendió** este derecho a todos los hombres blancos y más tarde a las **minorías** y a las mujeres. Ahora todos los ciudadanos pueden votar.

Una parte importante de ser ciudadano es hacer todo lo posible porque la sociedad sea equitativa para todos.

SER EQUITATIVOS CON LOS DEMÁS

Tratar a los demás como a ti te gusta que te traten es la clave para la equidad. Cuando te pones en los zapatos de los demás e imaginas cómo se sienten, eso se llama *empatía*, y es una parte importante de una sociedad equitativa.

Nuestros representantes deben crear leyes para toda la sociedad. Sin embargo, para que las leyes sean equitativas, los representantes electos deben sentir empatía por la gente que se encuentra en situaciones diferentes o tiene un pasado diferente.

Tratar a los demás como a ti te gustaría que te traten en una situación similar es una parte importante de una sociedad equitativa. De hecho, esta creencia básica se llama "la regla de oro".

SER EQUITATIVOS CON NOSOTROS MISMOS

Es importante tratar a los demás de forma equitativa, pero también lo es ser equitativos con nosotros mismos. Reconocer que una situación es injusta para ti es el primer paso para hacer un cambio en una democracia. Esto te permite comprender qué parte de una situación es injusta y cuál es la mejor forma de hacérselo saber a los demás.

Luchar por una sociedad más equitativa ayuda a todo el mundo. Primero debes comprender cómo una situación injusta te hace daño a ti y luego podrás pensar en cómo podría estar haciendo daño también a los demás.

Los movimientos por los derechos de los trabajadores aparecen por el trato injusto que recibían. Gracias a ellos, se aprobaron leyes que ayudaron a los trabajadores a obtener un lugar de trabajo más equitativo y justo para todos.

WORKERS' RIGHTS ARE HUMAN RIGHTS
TRANSPORT WORKERS UNION OF AMERICA
AFL CIO

¿POR QUÉ ES IMPORTANTE LA EQUIDAD?

Una democracia depende del gobierno y la forma de vida que la gente elige, así que es importante que todos tengan la oportunidad de ser oídos. En una democracia injusta, algunas personas no tienen voz y no se tienen en cuenta sus **experiencias**.

Las leyes deben ser equitativas para todos los ciudadanos y todos deben tener las mismas oportunidades. Las democracias dependen de que los ciudadanos sean miembros activos de sus comunidades para saber quién recibe un trato equitativo y quién no.

GLOSARIO

activista: alguien que actúa con firmeza a favor o en contra de un problema o cuestión.

apoyar: defender o ayudar.

campaña: serie de actividades cuyo fin es producir un resultado específico.

castigar: hacer que alguien sufra por un crimen.

experiencia: algo que has hecho o te ha pasado.

extender: hacer que algo esté disponible para alguien.

minoría: grupo de gente que es diferente de alguna manera al grupo más grande de un país u otro lugar, por ejemplo por su raza o religión.

participar: tomar parte en algo.

prejuicios: sentimientos injustos o desagrado hacia una persona o grupo de personas debido a su raza, religión o creencias políticas.

representante: alguien que actúa o habla de parte de o para apoyar a otra persona o grupo.

sindicato: organización de trabajadores formada para proteger los derechos e intereses de sus miembros.

situación: hechos, condiciones y eventos que afectan a alguien o a algo en un momento y lugar dados.

ÍNDICE

A
activista, 16, 23

C
campaña, 14, 23

E
empatía, 18
éxito, 4, 6

I
igualdad, 6, 7, 13
injusto, 8, 10, 16, 20, 22

L
leyes, 10, 18, 20, 22

P
prejuicios, 16, 23

R
representante, 12, 18, 23
república, 12

V
votar, 12, 14, 16

SITIOS DE INTERNET

Debido a que los enlaces de Internet cambian constantemente, PowerKids Press ha creado una lista de sitios de Internet relacionados con el tema de este libro. Este sitio se actualiza con regularidad. Por favor, utiliza este enlace para acceder a la lista:
www.powerkidslinks.com/pofd/fair